DECLARATION
DV ROY,
EN FAVEVR DV DVC
de Boüillon, & de ceux qui
se sont retirez à Sedan.

Publiée en Parlement le 2.
Septembre 1641.

A PARIS,
Par PIERRE ROCOLET, Impr. & Libr.
ordinaire du Roy.
Au Palais, en la Gallerie des Prisonniers, aux
Armes du Roy, & de la Ville.

M. DC. XXXXI.
Auec Priuilege de sa Majesté.

OVYS PAR
LA GRACE DE
DIEV, ROY DE
FRANCE ET DE
NAVARRE ; A
tous presens & à ve-
nir ; Salut. Noftre tres-cher & bien-
amé Coufin Frideric Maurice de la
Tour, Duc de Boüillon, Prince Sou-
uerain de Sedan & de Raucourt: Nous
ayant témoigné vn extrême déplaifir
d'auoir traitté auec les Ennemis de-
clarez de cette Couronne, & d'auoir
pris les Armes pour eux contre noftre
feruice, pour la confideration de feu

noſtre Couſin le Comte de *Soiſſons*, lequel auoit eſté ſuiuy du Duc de Guiſe, & de quelques autres de nos ſujets : & noſtre-dit Couſin le Duc de Boüillon apres auoir renoncé à tous les Traittez qu'il a faits contre noſtre ſeruice, nous ayant tres-humblement ſupplié de luy pardonner la faute qu'il auoit commiſe : & nous ayant donné toute aſſeurance de la fidelité & obeïſſance naturelle qu'il nous doit, & qu'il demeurera deſormais inſéparablement attaché à noſtre ſeruice : ayãt auſſi eſté bien aſſeurez que ceux de nos ſujets qui ont ſuiuy feu noſtre-dit Couſin le Comte de Soiſſons: Noſtre-dit Couſin le Duc de Boüillon, & ledit Duc de Guiſe, ont vn tres-grand repentir de leur crime, ayans porté les Armes contre noſtre Eſtat, & noſtre ſeruice, auec

proteſtation qu'ils ne reſpirent que
l'obeiſſance & la fidelité qu'ils nous
doiuent; SÇAVOIR FAISONS,
que nous pour ces cauſes , & autres
bonnes conſideratiós à ce nous mou-
uans , nous auons de noſtre propre
mouuement , grace ſpecialle , plaine
puiſſance & authorité Royale, eſteint,
ſupprimé & aboly, eſteignons, ſuppri-
mons , & aboliſſons par ces preſentes,
ſignées de noſtre main, la faute ſuſdite
commiſe par noſtre-dit Couſin le Duc
de Boüillon, & toutes les choſes par
luy faites en conſequence , & deſ-
quelles il pourroit eſtre, ou auoir eſté
accuſé ou déferé, pour tout ce qu'il a
entrepris juſques à preſent contre noſtre ſeruice, circonſtances & dépen-
dances, en quelque ſorte & maniere
qu'elles ſoient arriuées , & tout ainſi

que ſi elles eſtoient particulierement
ſpeciffiées & declarées en ces preſentes,dont nous l'auons releué & diſpen-
ſé,releuons & diſpenſons, ſans qu'il en
puiſſe aucunement eſtre recherché ny
inquieté,à preſent ny à l'aduenir, par
nos Cours Souueraines, ou autres nos
Iuſticiers & Officiers,à condition qu'il
demeurera inuiolablemēt dans l'obeïſſance & fidelité qu'il nous doit;Auons
en outre pour les cauſes & conſidera-
tions cy-deſſus, pardonné & pardon-
nons à tous ceux de nos ſujets, de quelque qualité & condition qu'ils ſoient,
qui depuis la retraitte de noſtre-dit
Couſin le Comte de Soiſſons à Sedan,
l'auoient ſuiuy, ſeruy, & aſſiſté, & qui
ont auſſi depuis ledit temps, ſeruy &
aſſiſté noſtre-dit Couſin le Duc de
Boüillon & ledit Duc de Guiſe, iuſ-

ques à prefent, à condition qu'ils ren-
treront en leur deuoir, & qu'ils y de-
meureront inuiolablement, dont ils
feront leurs declarations aux Greffes
des Bailliages où Senefchauffées efquel-
les ils font demeurans, dans quinze
iours apres la publication des prefentes ; Et ce faifant nous auons efteint,
aboly & affoupy, efteignons, abolif-
fons & affoupiffons tous & chacuns
les crimes qu'ils peuuent auoir com-
mis depuis ladite retraitte de noftre-
dit Coufin le Comte de Soiffons,
tant par actes d'hoftilité, pratiques
auec lesEftrangers nos ennemis, & autres, qu'en quelque autre forte & maniere que ce foit, fans qu'il leur en puif-
fe eftre imputé aucune chofe à prefent,
ny à l'aduenir, n'y qu'ils en puiffent
aucunement eftre recherchez ny in-

quietez , les reſtituans & remettans
en leur bonne renommée , & en tous
& chacuns leurs biens, en l'eſtat auquel
ils ſont à preſent, non d'ailleurs confiſ-
quez , nonobſtant toutes confiſca-
tions & dons qui en pourroient auoir
eſté faits , leſquels nous auons reuo-
quez & annullez, reuoquons & an-
nullons par ces preſentes ; Caſſons en
outre & mettons à neant tous ap-
peaux , bans , deffauts & decrets , ſen-
tences , iugemens & arreſts , qui peuuent auoir eſté donnez, tãt contre noſtre-dit Couſin le Duc de Boüillon,
que contr'eux , impoſons ſur ce ſilen-
ce perpetuel à nos Procureurs gene-
raux, leurs Subſtituts, preſens & à ve-
nir, & tous autres, nonobſtant toutes
ordonnances à ce cõtraires , auſquelles
nous auons dérogé & dérogeons pour
cette

cette fin par ces presentes, par lesquelles nous auons d'abondant continüé & confirmé, continüons & confirmons nostre-dit Cousin le Duc de Boüillon, és mesmes estats, tiltres, dignitez & qualitez qu'il a tenus, & tient en nostre Royaume, & qui luy peuuent appartenir, sans qu'il puisse y estre apporté aucune alteration ny diminution, pour raison des choses susdites: exceptons toutesfois de la presente grace & abolition, la personne dudit Duc de Guise, & le Baron du Bec. Si DONNONS EN MANDEMENT à nos Amez & Feaux les Gens tenans nos Cours de Parlement, que ces presentes lettres de grace, pardon & abolition, ils ayent à faire lire, publier & enregistrer, & du contenu en icelles faire iouïr plainement & paisiblement

noſtre-dit Couſin le Duc de Boüillon,
& tous ceux de nos ſujets qui ont ſuiuy, ſeruy & aſſiſté feu noſtre-dit Couſin le Comte de Soiſſons, noſtre-dit
Couſin le Duc de Boüillon, & ledit
Duc de Guiſe, comme il eſt dit cy-
deſſus, de quelque qualité & condition qu'ils ſoient, ſans leur donner, ny
ſouffrir qu'il leur ſoit donné aucun
trouble ny empeſchement au con-
traire, aux conditions cy-deſſus, & à
l'exception de la perſonne dudit Duc
de Guiſe, & du Baron du Bec : Man-
dons & ordonnons à noſdites Cours
de proceder à l'enterinement, publication & enregiſtrement de ces preſentes, ſelon leur forme & teneur, ſans
obliger noſtre-dit Couſin le Duc de
Boüillon, à comparoiſtre en perſonne
en icelles, dont nous l'auons de noſtre

mefme puiffance &autorité que deffus
releué & difpenfé , releuons & difpen-
fons par ces prefentes , nonobftant
toutes Loix , Edicts , Ordonnances,
Reglemens, Arrefts, & autres chofes à
ce contraires, aufquelles nous auós dérogé & dérogeons pour ce regard; Car
tel eft noftre plaifir: Et afin que ce foit
chofe ferme & ftable à toûjours , nous
auons fait mettre noftre Scel à cefdites
prefentes, fauf en autres chofes noftre
droict, & l'autruy en toutes. Donné à
Maizieres au mois d'Aouft, l'An de
Grace mil fix cens quarante-vn : Et
de noftre Regne le trente-deuxiéme.
Signé, L O V Y S. Et plus bas, Par le
Roy, SVBLET. Et fcellée fur lacs de
foye du grand fcéau de cire verte.

Regiftrée , ouy le Procureur general du

Roy pour estre executée selō leur forme &
teneur : & coppies collationnées, enuoyées
aux Bailliages & Seneschaussées du res-
sort, pour y estre leuës, publiées & regi-
strées & à la diligence des Substituds dudit
Procureur general, qui en certifieront la
Cour au mois, suiuant l'Arrest du jour-
d'huy. Fait en Parlement à Paris, le
deuxiéme Septembre mil six cens quaran-
te-vn. Signé, RADIGVES.